AF440843

DIESES BUCH
GEHÖRT:

____

____

____

____

Tour: <u>________________</u>   Datum: <u>________________</u>

Gipfel: <u>______________</u>   Wanderzeit: <u>___________</u>

Start: <u>_______________</u>   Pausenzeit: <u>____________</u>

Ziel: <u>____</u>

Distanz: <u>_____________________________________</u>

Etappe: <u>_____________________________________</u>

Rastplätze/Hütten: <u>_________________________</u>

Einkehrmöglichkeiten: <u>______________________</u>

Wetter: <u>_____________________________________</u>

Seen: <u>_______________________________________</u>

Flüsse: <u>_____________________________________</u>

Wegbeschreibung: <u>___________________________</u>

<u>____</u>

<u>____</u>

<u>____</u>

<u>____</u>

<u>____</u>

<u>____</u>

<u>____</u>

<u>____</u>

<u>____</u>

<u>____</u>

<u>____</u>

Besondere Momente:

Notizen/Bewertung:

Tour: _______________ Datum: _______________

Gipfel: _____________ Wanderzeit: ___________

Start: ______________ Pausenzeit: ___________

Ziel: _______________________________________

Distanz: ____________________________________

Etappe: _____________________________________

Rastplätze/Hütten: __________________________

Einkehrmöglichkeiten: _______________________

Wetter: _____________________________________

Seen: _______________________________________

Flüsse: _____________________________________

Wegbeschreibung: ____________________________

____

____

____

____

____

____

____

____

____

Besondere Momente:

Notizen/Bewertung:

Tour: _________________ Datum: _________________

Gipfel: _______________ Wanderzeit: _____________

Start: ________________ Pausenzeit: _____________

Ziel: ____

Distanz: ______________________________________

Etappe: _______________________________________

Rastplätze/Hütten: ____________________________

Einkehrmöglichkeiten: _________________________

Wetter: _______________________________________

Seen: ____

Flüsse: _______________________________________

Wegbeschreibung: ______________________________

____

____

____

____

____

____

____

____

Besondere Momente:

Notizen/Bewertung:

Tour: Datum:

Gipfel: Wanderzeit:

Start: Pausenzeit:

Ziel:

Distanz:

Etappe:

Rastplätze/Hütten:

Einkehrmöglichkeiten:

Wetter:

Seen:

Flüsse:

Wegbeschreibung:

Besondere Momente:

Notizen/Bewertung:

Tour: Datum:

Gipfel: Wanderzeit:

Start: Pausenzeit:

Ziel:

Distanz:

Etappe:

Rastplätze/Hütten:

Einkehrmöglichkeiten:

Wetter:

Seen:

Flüsse:

Wegbeschreibung:

Besondere Momente:

Notizen/Bewertung:

Tour: ______________ Datum: ______________

Gipfel: ____________ Wanderzeit: __________

Start: _____________ Pausenzeit: __________

Ziel: ______________________________________

Distanz: ___________________________________

Etappe: ____________________________________

Rastplätze/Hütten: _________________________

Einkehrmöglichkeiten: ______________________

Wetter: ____________________________________

Seen: ______________________________________

Flüsse: ____________________________________

Wegbeschreibung: ___________________________

____

____

____

____

____

____

____

____

____

____

Besondere Momente:

Notizen/Bewertung:

Tour: Datum:

Gipfel: Wanderzeit:

Start: Pausenzeit:

Ziel:

Distanz:

Etappe:

Rastplätze/Hütten:

Einkehrmöglichkeiten:

Wetter:

Seen:

Flüsse:

Wegbeschreibung:

esondere Momente:

Notizen/Bewertung:

Tour: _______________   Datum: _______________

Gipfel: _______________   Wanderzeit: _______________

Start: _______________   Pausenzeit: _______________

Ziel: _______________

Distanz: _______________

Etappe: _______________

Rastplätze/Hütten: _______________

Einkehrmöglichkeiten: _______________

Wetter: _______________

Seen: _______________

Flüsse: _______________

Wegbeschreibung: _______________

____

____

____

____

____

____

____

____

____

____

Besondere Momente:

Notizen/Bewertung:

Tour: Datum:

Gipfel: Wanderzeit:

Start: Pausenzeit:

Ziel:

Distanz:

Etappe:

Rastplätze/Hütten:

Einkehrmöglichkeiten:

Wetter:

Seen:

Flüsse:

Wegbeschreibung:

<u>Besondere Momente:</u>

<u>Notizen/Bewertung:</u>

Tour: _______________ Datum: _______________

Gipfel: _____________ Wanderzeit: _________

Start: ______________ Pausenzeit: _________

Ziel: _______________________________________

Distanz: ____________________________________

Etappe: _____________________________________

Rastplätze/Hütten: __________________________

Einkehrmöglichkeiten: _______________________

Wetter: _____________________________________

Seen: _______________________________________

Flüsse: _____________________________________

Wegbeschreibung: ____________________________

____

____

____

____

____

____

____

____

____

____

____

Besondere Momente:

Notizen/Bewertung:

Tour: _______________ Datum: _______________

Gipfel: _______________ Wanderzeit: _______________

Start: _______________ Pausenzeit: _______________

Ziel: _______________

Distanz: _______________

Etappe: _______________

Rastplätze/Hütten: _______________

Einkehrmöglichkeiten: _______________

Wetter: _______________

Seen: _______________

Flüsse: _______________

Wegbeschreibung: _______________

____

____

____

____

____

____

____

____

____

esondere Momente:

Notizen/Bewertung:

Tour: ___________________ Datum: _______________

Gipfel: _________________ Wanderzeit: __________

Start: __________________ Pausenzeit: __________

Ziel: _______________________________________

Distanz: ____________________________________

Etappe: _____________________________________

Rastplätze/Hütten: __________________________

Einkehrmöglichkeiten: _______________________

Wetter: _____________________________________

Seen: _______________________________________

Flüsse: _____________________________________

Wegbeschreibung: ____________________________

____

____

____

____

____

____

____

____

____

____

Besondere Momente:

Notizen/Bewertung:

Tour: _______________ Datum: _______________

Gipfel: _______________ Wanderzeit: _______________

Start: _______________ Pausenzeit: _______________

Ziel: _______________

Distanz: _______________

Etappe: _______________

Rastplätze/Hütten: _______________

Einkehrmöglichkeiten: _______________

Wetter: _______________

Seen: _______________

Flüsse: _______________

Wegbeschreibung: _______________

____

____

____

____

____

____

____

____

____

Besondere Momente:

Notizen/Bewertung:

Tour: _______________ Datum: _______________

Gipfel: _____________ Wanderzeit: _________

Start: ______________ Pausenzeit: _________

Ziel: _______________________________________

Distanz: ____________________________________

Etappe: _____________________________________

Rastplätze/Hütten: __________________________

Einkehrmöglichkeiten: _______________________

Wetter: _____________________________________

Seen: _______________________________________

Flüsse: _____________________________________

Wegbeschreibung: ____________________________

____

____

____

____

____

____

____

____

____

Besondere Momente:

Notizen/Bewertung:

Tour: _______________   Datum: _______________

Gipfel: _______________   Wanderzeit: _______________

Start: _______________   Pausenzeit: _______________

Ziel: _______________

Distanz: _______________

Etappe: _______________

Rastplätze/Hütten: _______________

Einkehrmöglichkeiten: _______________

Wetter: _______________

Seen: _______________

Flüsse: _______________

Wegbeschreibung: _______________

____

____

____

____

____

____

____

____

____

____

Besondere Momente:

Notizen/Bewertung:

Tour: Datum:

Gipfel: Wanderzeit:

Start: Pausenzeit:

Ziel:

Distanz:

Etappe:

Rastplätze/Hütten:

Einkehrmöglichkeiten:

Wetter:

Seen:

Flüsse:

Wegbeschreibung:

Besondere Momente:

Notizen/Bewertung:

Tour: Datum:

Gipfel: Wanderzeit:

Start: Pausenzeit:

Ziel:

Distanz:

Etappe:

Rastplätze/Hütten:

Einkehrmöglichkeiten:

Wetter:

Seen:

Flüsse:

Wegbeschreibung:

Besondere Momente:

Notizen/Bewertung:

Tour: ___________ Datum: ___________

Gipfel: ___________ Wanderzeit: ___________

Start: ___________ Pausenzeit: ___________

Ziel: ___________

Distanz: ___________

Etappe: ___________

Rastplätze/Hütten: ___________

Einkehrmöglichkeiten: ___________

Wetter: ___________

Seen: ___________

Flüsse: ___________

Wegbeschreibung: ___________

____

____

____

____

____

____

____

____

____

____

<u>Besondere Momente:</u>

<u>Notizen/Bewertung:</u>

Tour: _______________________ Datum: _______________________

Gipfel: _____________________ Wanderzeit: __________________

Start: ______________________ Pausenzeit: __________________

Ziel: ____

Distanz: ____

Etappe: ____

Rastplätze/Hütten: ____

Einkehrmöglichkeiten: _______________________________________

Wetter: ____

Seen: ____

Flüsse: ____

Wegbeschreibung: ____

____

____

____

____

____

____

____

____

____

____

Besondere Momente:

Notizen/Bewertung:

Tour: _________________ Datum: _________________

Gipfel: _________________ Wanderzeit: _________________

Start: _________________ Pausenzeit: _________________

Ziel: _________________

Distanz: _________________

Etappe: _________________

Rastplätze/Hütten: _________________

Einkehrmöglichkeiten: _________________

Wetter: _________________

Seen: _________________

Flüsse: _________________

Wegbeschreibung: _________________

____

____

____

____

____

____

____

____

____

Besondere Momente:

Notizen/Bewertung:

Tour: _______________ Datum: _______________

Gipfel: _______________ Wanderzeit: _______________

Start: _______________ Pausenzeit: _______________

Ziel: _______________

Distanz: _______________

Etappe: _______________

Rastplätze/Hütten: _______________

Einkehrmöglichkeiten: _______________

Wetter: _______________

Seen: _______________

Flüsse: _______________

Wegbeschreibung: _______________

____

____

____

____

____

____

____

____

____

____

Besondere Momente:

____
____
____
____
____
____
____
____
____
____
____
____
____
____
____
____
____
____

Notizen/Bewertung:

____
____
____
____
____
____
____
____
____

Tour: _______________ Datum: _______________

Gipfel: _______________ Wanderzeit: _______________

Start: _______________ Pausenzeit: _______________

Ziel: _______________

Distanz: _______________

Etappe: _______________

Rastplätze/Hütten: _______________

Einkehrmöglichkeiten: _______________

Wetter: _______________

Seen: _______________

Flüsse: _______________

Wegbeschreibung: _______________

____

____

____

____

____

____

____

____

____

____

Besondere Momente:

Notizen/Bewertung:

Tour: ___________________ Datum: ___________________

Gipfel: _________________ Wanderzeit: _____________

Start: __________________ Pausenzeit: _____________

Ziel: ____

Distanz: ____

Etappe: ____

Rastplätze/Hütten: _________________________________

Einkehrmöglichkeiten: ______________________________

Wetter: ____

Seen: ____

Flüsse: ____

Wegbeschreibung: ___________________________________

____

____

____

____

____

____

____

____

____

Besondere Momente:

____

Notizen/Bewertung:

Tour: _______________ Datum: _______________

Gipfel: _______________ Wanderzeit: _______________

Start: _______________ Pausenzeit: _______________

Ziel: _______________

Distanz: _______________

Etappe: _______________

Rastplätze/Hütten: _______________

Einkehrmöglichkeiten: _______________

Wetter: _______________

Seen: _______________

Flüsse: _______________

Wegbeschreibung: _______________

____

____

____

____

____

____

____

____

____

____

Besondere Momente:

Notizen/Bewertung:

Tour: _______________ Datum: _______________

Gipfel: _______________ Wanderzeit: _______________

Start: _______________ Pausenzeit: _______________

Ziel: _______________

Distanz: _______________

Etappe: _______________

Rastplätze/Hütten: _______________

Einkehrmöglichkeiten: _______________

Wetter: _______________

Seen: _______________

Flüsse: _______________

Wegbeschreibung: _______________

____

____

____

____

____

____

____

____

____

Besondere Momente:

Notizen/Bewertung:

Tour: ______________________ Datum: ______________________

Gipfel: ____________________ Wanderzeit: _________________

Start: _____________________ Pausenzeit: _________________

Ziel: ____

Distanz: ____

Etappe: ____

Rastplätze/Hütten: ____

Einkehrmöglichkeiten: ______________________________________

Wetter: ____

Seen: ____

Flüsse: ____

Wegbeschreibung: ____

____

____

____

____

____

____

____

____

____

____

Besondere Momente:

Notizen/Bewertung:

Tour: _______________ Datum: _______________

Gipfel: _______________ Wanderzeit: _______________

Start: _______________ Pausenzeit: _______________

Ziel: _______________

Distanz: _______________

Etappe: _______________

Rastplätze/Hütten: _______________

Einkehrmöglichkeiten: _______________

Wetter: _______________

Seen: _______________

Flüsse: _______________

Wegbeschreibung: _______________

____

____

____

____

____

____

____

____

____

____

____

Besondere Momente:

Notizen/Bewertung:

Tour: Datum:

Gipfel: Wanderzeit:

Start: Pausenzeit:

Ziel:

Distanz:

Etappe:

Rastplätze/Hütten:

Einkehrmöglichkeiten:

Wetter:

Seen:

Flüsse:

Wegbeschreibung:

Besondere Momente:

Notizen/Bewertung:

Tour: _______________________ Datum: _______________________

Gipfel: _____________________ Wanderzeit: _________________

Start: ______________________ Pausenzeit: _________________

Ziel: ____

Distanz: ____

Etappe: ____

Rastplätze/Hütten: ____

Einkehrmöglichkeiten: _______________________________________

Wetter: ____

Seen: ____

Flüsse: ____

Wegbeschreibung: ____

____

____

____

____

____

____

____

____

____

____

____

Besondere Momente:

Notizen/Bewertung:

Tour: _______________ Datum: _______________

Gipfel: _______________ Wanderzeit: _______________

Start: _______________ Pausenzeit: _______________

Ziel: _______________

Distanz: _______________

Etappe: _______________

Rastplätze/Hütten: _______________

Einkehrmöglichkeiten: _______________

Wetter: _______________

Seen: _______________

Flüsse: _______________

Wegbeschreibung: _______________

____

____

____

____

____

____

____

____

____

<u>Besondere Momente:</u>

____
____
____
____
____
____
____
____
____
____
____
____
____
____
____

<u>Notizen/Bewertung:</u>

____
____
____
____
____
____
____

Tour: <u> </u> Datum: <u> </u>

Gipfel: <u> </u> Wanderzeit: <u> </u>

Start: <u> </u> Pausenzeit: <u> </u>

Ziel: <u> </u>

Distanz: <u> </u>

Etappe: <u> </u>

Rastplätze/Hütten: <u> </u>

Einkehrmöglichkeiten: <u> </u>

Wetter: <u> </u>

Seen: <u> </u>

Flüsse: <u> </u>

Wegbeschreibung: <u> </u>

Besondere Momente:

Notizen/Bewertung:

Tour: _______________ Datum: _______________

Gipfel: _____________ Wanderzeit: _________

Start: ______________ Pausenzeit: _________

Ziel: _______________________________________

Distanz: ____________________________________

Etappe: _____________________________________

Rastplätze/Hütten: __________________________

Einkehrmöglichkeiten: _______________________

Wetter: _____________________________________

Seen: _______________________________________

Flüsse: _____________________________________

Wegbeschreibung: ____________________________

____

____

____

____

____

____

____

____

____

Besondere Momente:

Notizen/Bewertung:

Tour: _______________________ Datum: _______________________

Gipfel: _______________________ Wanderzeit: _______________________

Start: _______________________ Pausenzeit: _______________________

Ziel: _______________________

Distanz: _______________________

Etappe: _______________________

Rastplätze/Hütten: _______________________

Einkehrmöglichkeiten: _______________________

Wetter: _______________________

Seen: _______________________

Flüsse: _______________________

Wegbeschreibung: _______________________

____

____

____

____

____

____

____

____

____

Besondere Momente:

Notizen/Bewertung:

Tour: ___________________ Datum: ___________________

Gipfel: ___________________ Wanderzeit: ___________________

Start: ___________________ Pausenzeit: ___________________

Ziel: ___________________

Distanz: ___________________

Etappe: ___________________

Rastplätze/Hütten: ___________________

Einkehrmöglichkeiten: ___________________

Wetter: ___________________

Seen: ___________________

Flüsse: ___________________

Wegbeschreibung: ___________________

____

____

____

____

____

____

____

____

____

Besondere Momente:

Notizen/Bewertung:

Tour: _______________ Datum: _______________

Gipfel: _____________ Wanderzeit: _________

Start: ______________ Pausenzeit: _________

Ziel: _______________________________________

Distanz: ____________________________________

Etappe: _____________________________________

Rastplätze/Hütten: __________________________

Einkehrmöglichkeiten: _______________________

Wetter: _____________________________________

Seen: _______________________________________

Flüsse: _____________________________________

Wegbeschreibung: ____________________________

____

____

____

____

____

____

____

____

____

____

esondere Momente:

Notizen/Bewertung:

Tour: Datum:

Gipfel: Wanderzeit:

Start: Pausenzeit:

Ziel:

Distanz:

Etappe:

Rastplätze/Hütten:

Einkehrmöglichkeiten:

Wetter:

Seen:

Flüsse:

Wegbeschreibung:

Besondere Momente:

Notizen/Bewertung:

Tour: Datum:

Gipfel: Wanderzeit:

Start: Pausenzeit:

Ziel:

Distanz:

Etappe:

Rastplätze/Hütten:

Einkehrmöglichkeiten:

Wetter:

Seen:

Flüsse:

Wegbeschreibung:

Besondere Momente:

Notizen/Bewertung:

Tour: _______________ Datum: _______________

Gipfel: _____________ Wanderzeit: _________

Start: ______________ Pausenzeit: _________

Ziel: _______________

Distanz: ____________

Etappe: _____________

Rastplätze/Hütten: ________________

Einkehrmöglichkeiten: _____________

Wetter: _____________

Seen: _______________

Flüsse: _____________

Wegbeschreibung: __________________
____
____
____
____
____
____
____
____
____
____
____

esondere Momente:

Notizen/Bewertung:

Tour: Datum:

Gipfel: Wanderzeit:

Start: Pausenzeit:

Ziel:

Distanz:

Etappe:

Rastplätze/Hütten:

Einkehrmöglichkeiten:

Wetter:

Seen:

Flüsse:

Wegbeschreibung:

Besondere Momente:

Notizen/Bewertung:

Tour: _______________ Datum: _______________

Gipfel: _______________ Wanderzeit: _______________

Start: _______________ Pausenzeit: _______________

Ziel: _______________

Distanz: _______________

Etappe: _______________

Rastplätze/Hütten: _______________

Einkehrmöglichkeiten: _______________

Wetter: _______________

Seen: _______________

Flüsse: _______________

Wegbeschreibung: _______________

____

____

____

____

____

____

____

____

____

____

____

Besondere Momente:

____

____

____

____

____

____

____

____

____

____

____

____

____

____

____

____

____

Notizen/Bewertung:

____

____

____

____

____

____

____

____

Tour: _______________   Datum: _______________

Gipfel: _____________   Wanderzeit: __________

Start: ______________   Pausenzeit: __________

Ziel: _______________________________________

Distanz: ____________________________________

Etappe: _____________________________________

Rastplätze/Hütten: __________________________

Einkehrmöglichkeiten: _______________________

Wetter: _____________________________________

Seen: _______________________________________

Flüsse: _____________________________________

Wegbeschreibung: ____________________________

____

____

____

____

____

____

____

____

____

____

esondere Momente:

Notizen/Bewertung:

Tour: _______________   Datum: _______________

Gipfel: _____________   Wanderzeit: ___________

Start: ______________   Pausenzeit: ___________

Ziel: _______________________________________

Distanz: ____________________________________

Etappe: _____________________________________

Rastplätze/Hütten: __________________________

Einkehrmöglichkeiten: _______________________

Wetter: _____________________________________

Seen: _______________________________________

Flüsse: _____________________________________

Wegbeschreibung: ____________________________

____

____

____

____

____

____

____

____

____

____

Besondere Momente:

Notizen/Bewertung:

Tour: ___________________ Datum: ___________________

Gipfel: _________________ Wanderzeit: _____________

Start: __________________ Pausenzeit: _____________

Ziel: ____

Distanz: ____

Etappe: ____

Rastplätze/Hütten: _________________________________

Einkehrmöglichkeiten: ______________________________

Wetter: ____

Seen: ____

Flüsse: ____

Wegbeschreibung: ___________________________________

____

____

____

____

____

____

____

____

____

Besondere Momente:

Notizen/Bewertung:

Tour: _______________ Datum: _______________

Gipfel: _______________ Wanderzeit: _______________

Start: _______________ Pausenzeit: _______________

Ziel: _______________

Distanz: _______________

Etappe: _______________

Rastplätze/Hütten: _______________

Einkehrmöglichkeiten: _______________

Wetter: _______________

Seen: _______________

Flüsse: _______________

Wegbeschreibung: _______________

____

____

____

____

____

____

____

____

____

esondere Momente:

Notizen/Bewertung:

Tour: _______________ Datum: _______________

Gipfel: _____________ Wanderzeit: _________

Start: ______________ Pausenzeit: _________

Ziel: _______________________________________

Distanz: ____________________________________

Etappe: _____________________________________

Rastplätze/Hütten: __________________________

Einkehrmöglichkeiten: _______________________

Wetter: _____________________________________

Seen: _______________________________________

Flüsse: _____________________________________

Wegbeschreibung: ____________________________

____

____

____

____

____

____

____

____

____

Besondere Momente:

____
____
____
____
____
____
____
____
____
____
____
____
____
____
____
____
____
____

Notizen/Bewertung:

____
____
____
____
____
____
____
____
____
____

Tour: _______________ Datum: _______________

Gipfel: _______________ Wanderzeit: _______________

Start: _______________ Pausenzeit: _______________

Ziel: _______________

Distanz: _______________

Etappe: _______________

Rastplätze/Hütten: _______________

Einkehrmöglichkeiten: _______________

Wetter: _______________

Seen: _______________

Flüsse: _______________

Wegbeschreibung: _______________

____

____

____

____

____

____

____

____

____

Besondere Momente:

Notizen/Bewertung:

Tour: Datum:

Gipfel: Wanderzeit:

Start: Pausenzeit:

Ziel:

Distanz:

Etappe:

Rastplätze/Hütten:

Einkehrmöglichkeiten:

Wetter:

Seen:

Flüsse:

Wegbeschreibung:

Besondere Momente:

Notizen/Bewertung:

Tour: _______________ Datum: _______________

Gipfel: _______________ Wanderzeit: _______________

Start: _______________ Pausenzeit: _______________

Ziel: _______________

Distanz: _______________

Etappe: _______________

Rastplätze/Hütten: _______________

Einkehrmöglichkeiten: _______________

Wetter: _______________

Seen: _______________

Flüsse: _______________

Wegbeschreibung: _______________
____
____
____
____
____
____
____
____
____
____
____

Besondere Momente:

Notizen/Bewertung:

Tour: Datum:

Gipfel: Wanderzeit:

Start: Pausenzeit:

Ziel:

Distanz:

Etappe:

Rastplätze/Hütten:

Einkehrmöglichkeiten:

Wetter:

Seen:

Flüsse:

Wegbeschreibung:

Besondere Momente:

Notizen/Bewertung:

Tour: _______________________   Datum: _______________________

Gipfel: _____________________   Wanderzeit: ___________________

Start: ______________________   Pausenzeit: ___________________

Ziel: ____

Distanz: ____

Etappe: ____

Rastplätze/Hütten: ____

Einkehrmöglichkeiten: _______________________________________

Wetter: ____

Seen: ____

Flüsse: ____

Wegbeschreibung: ____

____

____

____

____

____

____

____

____

____

esondere Momente:

Notizen/Bewertung:

Tour: ___________________ Datum: ___________________

Gipfel: _________________ Wanderzeit: ______________

Start: __________________ Pausenzeit: ______________

Ziel: ____

Distanz: ____

Etappe: ____

Rastplätze/Hütten: ______________________________

Einkehrmöglichkeiten: ___________________________

Wetter: ____

Seen: ____

Flüsse: ____

Wegbeschreibung: ________________________________

____

____

____

____

____

____

____

____

____

<u>Besondere Momente:</u>

<u>Notizen/Bewertung:</u>